NOTE EXPLICATIVE

DES

PRODUITS ET SPÉCIMENS EXPOSÉS

PAR

L'USINE FONDÉE A MONTLUÇON (ALLIER)

POUR LA FABRICATION DES **TUBES EN FER**

PAR

MM. MIGNON, ROUART et DELINIÈRES

EXPOSANTS CLASSE 43 — N° 60

MÉDAILLE D'ARGENT

EXPOSITION UNIVERSELLE
DE PARIS 1867

MÉDAILLE D'OR

EXPOSITION UNIVERSELLE
DE LYON 1872

PARIS

TYPOGRAPHIE ET LITHOGRAPHIE DE FÉLIX MALTESTE ET Cⁱᵉ

22, RUE DES DEUX-PORTES-SAINT-SAUVEUR, 22

—

1878

NOTE EXPLICATIVE

DES

PRODUITS ET SPÉCIMENS EXPOSÉS

PAR

L'USINE FONDÉE A MONTLUÇON (ALLIER)

POUR LA FABRICATION DES **TUBES EN FER**

PAR

MM. MIGNON, ROUART et DELINIÈRES

EXPOSANTS CLASSE 43 — N° 60

MÉDAILLE D'ARGENT

EXPOSITION UNIVERSELLE
DE PARIS 1867

MÉDAILLE D'OR

EXPOSITION UNIVERSELLE
DE LYON 1872

PARIS

TYPOGRAPHIE ET LITHOGRAPHIE DE FÉLIX MALTESTE ET Cie

22, RUE DES DEUX-PORTES-SAINT-SAUVEUR, 22

1878

NOTE EXPLICATIVE

DES PRODUITS ET SPÉCIMENS EXPOSÉS

PAR

l'USINE fondée à MONTLUÇON (Allier)

POUR LA FABRICATION DES **TUBES EN FER**

PAR

MM. MIGNON, ROUART ET DELINIÈRES

EXPOSANTS CLASSE 43 — N° 60

FONDATION DE L'USINE

MM. **Mignon** et **Rouart,** constructeurs-mécaniciens à Paris, ayant eu en diverses circonstances à employer des Tubes en fer, s'étaient maintes fois trouvés dans un grand embarras, par suite de la difficulté de s'en procurer de qualité suffisante, tant chez les dépositaires ou marchands de Tubes étrangers que chez les quelques fabricants français alors existants.

Cet embarras devint tout à fait sérieux, lorsqu'ils eurent à construire leurs machines à glace, pour lesquelles des Tubes de qualité irréprochable étaient absolument indispensables.

Ils finirent par en rencontrer de convenables à Saint-Denis-sur-Seine, dans une petite usine appartenant à MM. CHARLES CLERC et Cᵉ.

Ceux-ci avaient une supériorité marquée sur tous leurs concurrents, grâce à la qualité des fers qu'ils employaient et aux soins apportés à leur fabrication; malheureusement cette supériorité était acquise à trop de frais, et, après quelques années, à bout de ressources, ils se virent obligés de suspendre leur fabrication.

MM. **Mignon** et **Rouart** se retrouvant dans le même embarras qu'auparavant, ne virent plus d'autre moyen d'en sortir que de fabriquer eux-mêmes les Tubes nécessaires à leur consommation.

Leur décision à cet égard fut bientôt prise; elle le fut d'autant plus rapidement qu'ils y virent un moyen de consolider et de développer en France une industrie nouvelle très-importante, et qui y avait été jusque-là mal établie et à peu près constamment languissante.

Dans ce but, ils achetèrent l'usine de MM. CHARLES et CLERC, mais ils ne tardèrent pas à reconnaître qu'elle était mal située, surtout en raison de son éloignement des lieux d'origine des matières premières, houille et fer.

C'est alors qu'ils jetèrent les yeux sur Montluçon, pays industriel de premier ordre, situé au centre de la France, au milieu d'un grand bassin houiller, ayant une population ouvrière importante, possédant des forges et à proximité des forges de Commentry, de Fourchambault et du Creusot.

C'est là qu'ils résolurent de transporter leur usine, et de l'installer sur les bases les plus larges, qui permissent de lui donner dans l'avenir un développement en rapport avec l'importance de la consommation française de Tubes en fer.

Ils s'associèrent M. **Delinières**, ingénieur des Arts-et-Métiers, occupant alors un poste important dans la maison CAIL et HALOT de Bruxelles, et ce fut lui qu'ils chargèrent de la construction de l'usine qui, commencée en 1865, fut mise en marche au commencement de l'année 1866.

IMPORTANCE DE L'USINE

Actuellement, les bâtiments de l'usine servant à la fabrication, avec leurs dépendances, magasins et ateliers, tous construits en fer, occupent une surface de *dix mille mètres environ.*

La superficie totale de l'usine et de ses cours, est de *cinquante-cinq mille mètres.*

Sa force motrice est de 90 *à* 100 *chevaux-vapeur.*

Elle occupe de 200 *à* 250 *ouvriers.*

Dès à présent elle dispose d'un outillage qui, s'il était entièrement employé, lui permettrait d'augmenter d'un quart le nombre de ses ouvriers et de tripler sa production.

PRODUCTION DE L'USINE

La production de l'usine embrasse toutes les variétés de **FERS CREUX** et tous les travaux qui s'y rattachent.

Les *Fers creux* ou *Tubes en fer* sont classés en deux catégories principales, établies d'après leur mode de soudure.

Les uns, destinés aux conduites sans pression ou à très-basse pression, aux travaux de serrurerie et en général à toutes les applications où ils ne sont pas appelés à supporter de grands efforts de dilatation, de choc ou de torsion, *sont soudés par rapprochement.*

Tels sont :

Les Tubes pour gaz;
  id. conduites d'eau;
  id. arrosage;
  id. échappement de vapeur;
  id. tringles de stores;
  id. rampes d'escaliers;
  id. lits en fer;
  id. serres de jardins;
  id. lanternes de fonderies, appareils divers.

Les autres, destinés aux tuyauteries pour hautes pressions, ou aux travaux où une grande résistance est nécessaire, sont soudés à recouvrement *ou à joints superposés.*

Tels sont :

Les Tubes pour générateurs à vapeur de toutes forces;
  id. conduites de vapeur;
  id. conduites d'air comprimé;
  id. arbres de transmission;
  id. tous les appareils à pressions élevées ou requérant une résistance au choc ou à la torsion.

On donne aux Tubes de ces diverses catégories toutes les formes désirables.

Ils sont généralement cylindriques, mais ils peuvent être carrés comme les collecteurs des générateurs Belleville, ovales comme les chaufferettes des compagnies de chemins de fer, etc.

En dehors des Tubes proprement dits, l'usine de Montluçon fabrique tous les accessoires que comporte leur emploi :

> Brides plates et à emboîtements ;
> Tubulures ;
> Manchons ;
> Écrous ;
> Raccords de toutes formes et dispositions.

Elle exécute aussi des *Serpentins* en tous genres, de toutes formes et dimensions, pour chauffage et distillation, qu'elle peut établir d'une seule pièce, quelque considérable qu'en soit le développement.

Sa production actuelle s'élève par année à environ 1000 *à* 1,200 *tonnes*, elle a dépassé 1,500 *tonnes* et elle pourrait facilement être portée à 4,000 *tonnes* sans augmentation du matériel existant.

APPROVISIONNEMENTS

L'usine de MM. **Mignon, Rouart** et **Delinières** consomme annuellement environ 4,000 *tonnes de houille* qu'elle tire principalement des houillères de Commentry.

Tous les fers qu'elle emploie sont de provenance française, ce sont des fers plats depuis les feuillards de 25^{mm} jusqu'aux tôles de 1^m de largeur, dont l'importance annuelle est en moyenne de 1,500 à 2,000 tonnes.

Convaincus de l'importance extrême du rôle que joue la qualité de la matière employée à toute fabrication et particulièrement à la leur, MM. **Mignon, Rouart** et **Delinières** se sont spécialement attachés à ne fabriquer leurs Tubes à recouvrement qu'avec des fers d'excellente qualité, et à cet effet ils n'y emploient que des fers fabriqués avec les meilleurs minerais du Berry.

C'est en grande partie au maintien scrupuleux de cette qualité de ses produits que l'usine de Montluçon doit d'avoir pu jusqu'ici soutenir la lutte contre la concurrence étrangère, sous les efforts de laquelle ont succombé tous les autres fabricants de Tubes français.

PERFECTIONNEMENTS ET AMÉLIORATIONS

Pénétrés de la nécessité de se maintenir au niveau des progrès réalisés chaque jour par toutes les autres branches de l'industrie, MM. **Mignon Rouart** et **Delinières** ont fait de l'amélioration de leurs procédés de fabrication, l'objet de leur constante préoccupation.

Aussi, depuis la création de leur usine, presque tout le matériel a été transformé de fond en comble.

Il ne se produit pas une découverte dans le domaine de la science qu'ils n'en cherchent aussitôt le côté pratique applicable à leur fabrication.

C'est ainsi qu'ils ont substitué à l'ancien système de chauffage par des foyers directs faisant partie de chaque four, le chauffage par les gaz produits par un générateur isolé commun à tous les fours, et que tout récemment encore ils ont installé dans toute leur usine l'éclairage à la lumière électrique. par les machines Gramme.

RÉCOMPENSES OBTENUES

MM. **Mignon, Rouart** et **Delinières** n'ont pris part jusqu'ici qu'à deux Expositions, et à chacune d'elles ils ont obtenu une récompense.

A l'Exposition universelle de 1867, presque à leurs débuts, il leur a été décerné **une Médaille d'argent.**

Et en 1872, à l'Exposition de Lyon, ils ont obtenu **une Médaille d'or.**

ARTICLES EXPOSÉS

Dans leur exposition, MM. **Mignon, Rouart** et **Delinières** se sont efforcés de grouper tous les objets pouvant donner une idée à peu près complète, tant de la variété que de l'étendue de leurs moyens de production.

A quelques rares exceptions près, tous les produits exposés sont usuels et de vente courante, quelques-uns seulement en très-petit nombre n'ont d'autre but que de démontrer la puissance et les ressources de l'outillage de l'usine.

Ces produits sont disposés de manière à former un trophée ayant quatre faces.

La face principale, celle qui regarde la galerie des machines françaises, présente :

1° Une série de grands Tubes de 6^m à 6^m50 de longueur, comprenant des spécimens de tous les Tubes à recouvrement, depuis celui de 25^{mm} jusqu'à 300^{mm}. (Nous aurions pu donner à tous ces Tubes de 10 à 11 mètres de longueur, si les dimensions de l'emplacement que nous occupons l'avaient permis.

2° Une double série graduée de Tubes de même genre, mais dont le plus petit diamètre n'a pas plus de 4^{mm}, coupés à 90 c. de longueur, de manière qu'on en puisse voir la section.

3° Devant les grand Tubes, un Serpentin conique, ayant 4^{m}50 de diamètre à la base et formé d'un Tube conique d'une seule pièce de 92 mètres de développement, commençant au diamètre de 250^{mm}, pour finir à 10^{mm}, par une diminution régulière. Ce Serpentin est la principale des pièces non usuelles destinées à témoigner des ressources que présente l'outillage.

4° Au-dessous de ce Serpentin, fixés sur un tableau vertical, les outils servant à la coupe et au taraudage des Tubes, tels que :
    Coupe-tubes à mollettes ;
    Cages de filières avec leurs coussinets, etc., etc.

5° Plus bas, entourée de la double série des Tubes courts, une table sur laquelle sont réunis les principaux accessoires utiles à l'emploi des Tubes en fer et divers articles s'y rattachant.

Accessoires de Tubes pour gaz et eau.

Une série de Robinets à deux eaux en fonte, depuis le diamètre de 5^{mm} jusqu'à celui de 80^{mm}.

Des Pinces pour le serrage des manchons de tous diamètres.

Des Raccords de tous diamètres, formes et dispositions.

Brides taraudées.

Pièces d'équerre à 2 et 3 branches de diamètres, égaux ou inégaux.

Tubulures en tés de 3, 4 et 5 branches verticales ou inclinées, simples ou renforcées.

Croix à 4 et 6 branches de diamètres, égaux et inégaux.

Articles divers

Une Boîte de dilatation ou Presse-étoupe pour conduite à haute pression.

Une Bouteille en fer pour mercure et deux sections d'une Bouteille semblable permettant d'en voir la forme intérieure.

Un Tube à recouvrement avec brides brasées à chaque bout, portant 3 tubulures de différents diamètres.

Deux spécimens de Tubes-tirants pour chaudière marine, avec leurs écrous.

Un segment de Plaque tubulaire garnie de bouts de tubes rivés au moyen de l'appareil Jouffret.

Trois Appareils Jouffret avec leurs galets pour river les tubes.

Faces de côté

Des deux côtés sont disposés des Tubes de divers diamètres étirés à froid, conservés à leur base à leur diamètre primitif, et amenés par l'étirage à un diamètre de 15 à 20 fois plus faible et aux formes les plus tourmentées afin de démontrer la ductilité du fer. De place en place ils sont entaillés pour qu'on puisse se rendre compte de la modification apportée dans les épaisseurs.

Deux Tubes du même genre se trouvent sur la face principale, un de chaque côté du grand Serpentin.

Aux quatre angles sont deux Tubes carrés pour collecteurs ayant 6 mètres de longueur.

Nous avons en outre :

A droite

Une série de Tubes à rapprochement pour gaz taraudés d'un bout et manchonnés de l'autre.

A gauche

Deux Tubes de chaufferettes de wagons :

un type de la Compagnie de l'Ouest,

un type de la Compagnie de Lyon ;

Un Tube renforcé pour presse hydraulique ;

Un Tube renforcé pour lanterne de fonderie ;

Un Tube renforcé pour arbre de transmission avec collets refoulés.

Face postérieure

La face postérieure présente :

Dans sa partie verticale,

1° Une série de grands Tubes à recouvrement de 6^m à 6^m50 de longueur, semblable à celle de la face principale à laquelle elle fait pendant.

2° S'appuyant sur ces grands Tubes et allant de la base au sommet, une tuyauterie en Tubes à recouvrement jonctionnés par des brides à boulons, portant des tubulures de divers diamètres, des tubes enroulés et six petits Serpentins de formes et dimensions diverses.

3° Un Serpentin plat, en forme de grille, destiné au séchage des tissus dans les manufactures de draps, d'un développement de 41^m d'une seule pièce.

4° Un Serpentin de même forme et de même longueur, mais composé de 7 tubes droits de 6^m reliés par des coudes munis de brides à boulons.

5° Un Serpentin rond en fond de cuve, en plusieurs pièces réunies par des brides.

Sur le sol :

1° Deux Faisceaux cylindriques, un de chaque côté, composés de séries de tubes de 25 à 100^{mm} de diamètre, avec collets rabattus, de tubes carrés pour collecteurs de chaudières Belleville, de tubes pour chaufferettes de wagons et de tubes épais de divers diamètres pour épontilles, presse hydraulique et conduites d'air comprimé ou de vapeur à très-haute pression.

Sur l'un de ces faisceaux, celui de droite, est un récipient de gaz liquéfié pour machine à glace soudé d'une seule pièce, portant des tubulures et propre à supporter une pression fort élevée.

Sur les deux faisceaux, quelques bouts de tubes écrasés au marteau pour montrer la qualité du fer.

2° Deux spécimens de Tubes à recouvrement, l'un de 80^{mm}, l'autre de 70^{mm}, enroulés sur leur diamètre.

3° Un petit Serpentin cylindrique d'une seule pièce, d'un développement de 12 mètres.

4° Un autre Serpentin de même forme en plusieurs pièces réunies par des brides.

5° Quatre Serpentins pour tuyères de hauts fourneaux, tous d'une seule pièce.

6° Deux petits Serpentins plats, de forme oblongue, en tube de faible diamètre.

7° Un Tube épais avec un évasement quadruple de son diamètre.

8° Une grande Bouteille en fer, présentée comme spécimen de tube à recouvrement laminé conique.

9° Une section de Chaudière Field, avec tubes pendentifs garnis de leurs tubes de circulation intérieure, ceux-ci munis d'ailettes.

10° Un Tube pour chaufferette, modèle du chemin de fer d'Orléans.

CONCLUSION

Tous ces objets exposés témoignent par leur variété, la multiplicité de leurs applications et leur importance, que MM. **Mignon, Rouart** et **Delinières**, grâce à l'énergie de leurs efforts, au perfectionnement constant de leur outillage et de leurs procédés de fabrication, et, il faut le dire aussi, grâce à d'énormes sacrifices, ont fait mieux que de conserver à la France la fabrication de produits de première utilité et, dans certains cas, indispensables à la construction mécanique.

Ils témoignent aussi que leur usine de Montluçon s'est depuis long-temps dégagée des tâtonnements d'une industrie qui débute, pour se mettre au niveau des plus habiles de ses rivales étrangères, avec lesquelles elle peut lutter sur tous les points pour la perfection et l'importance des travaux.

Enfin, si MM. **Mignon, Rouart** et **Delinières** ne peuvent reven-diquer le mérite d'avoir importé en France la fabrication des Tubes en fer, ils croient avoir celui, qui n'est peut-être pas moindre, de l'y avoir main-tenue au milieu des difficultés auxquelles ont succombé tous leurs devan-ciers, et cela sur un pied tel, qu'elle pourrait à elle seule suffire à tous les besoins de l'industrie française.

A. GRIMAULT et Ce,
Agents commerciaux et Dépositaires de l'Usine,
66, quai Jemmapes,
PARIS.

5943. — Paris. — Imp. Félix Malteste et Cie, 22, rue des Deux Portes-Saint-Sauveur.